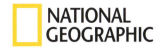

Animals at Night

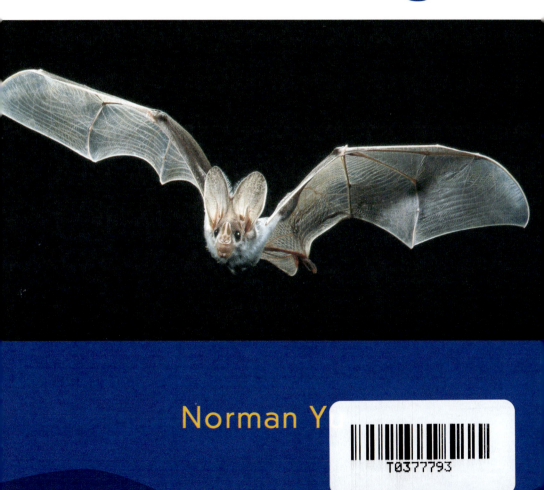

Norman Y

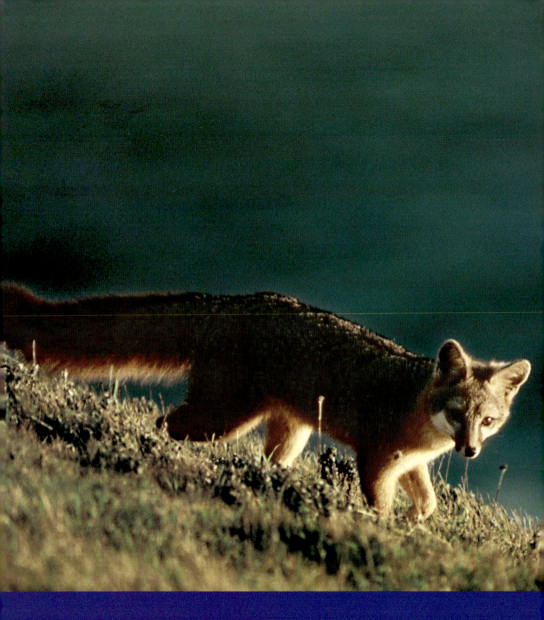

A **fox** runs at night.

2

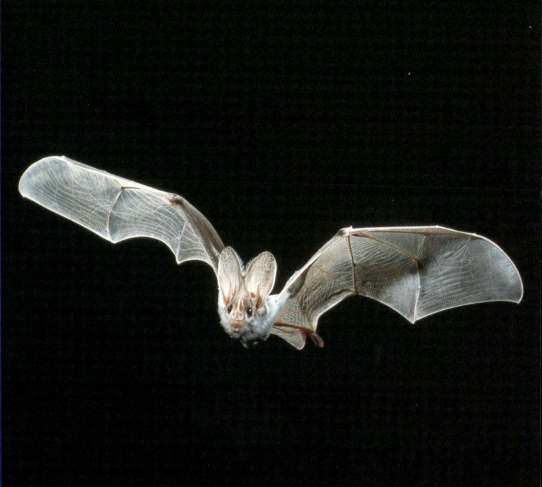

A **bat** flies at night.

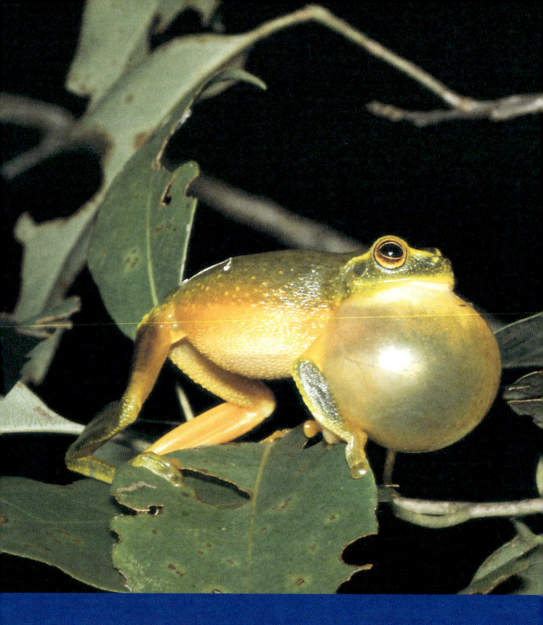

A **frog** croaks at night.

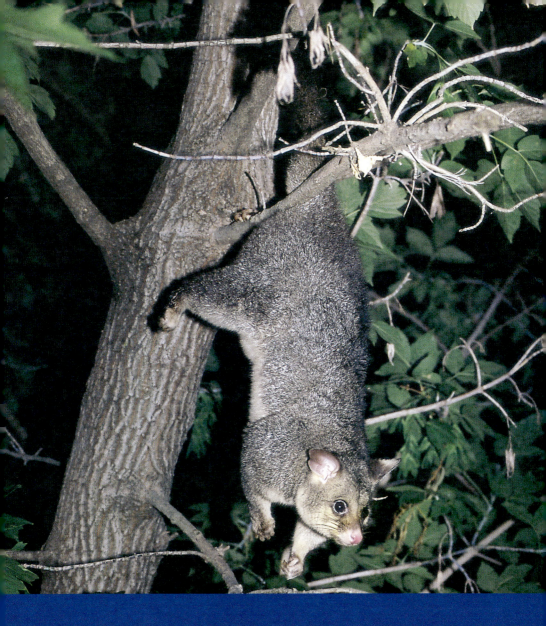

An **opossum** swings at night.

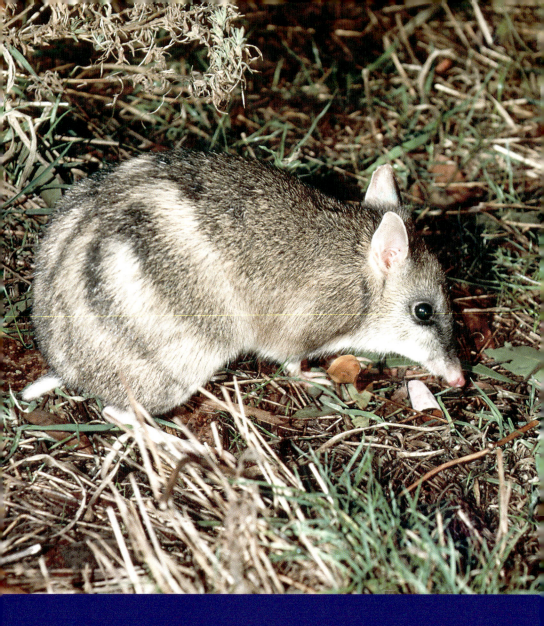

A **bandicoot** eats at night.

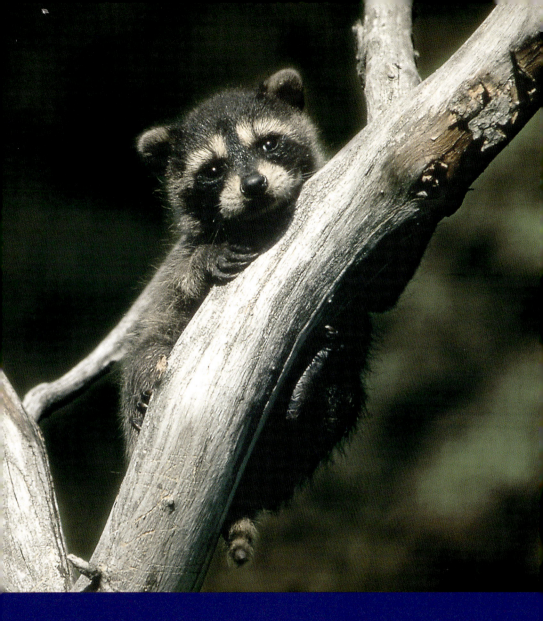

A **raccoon** climbs at night.

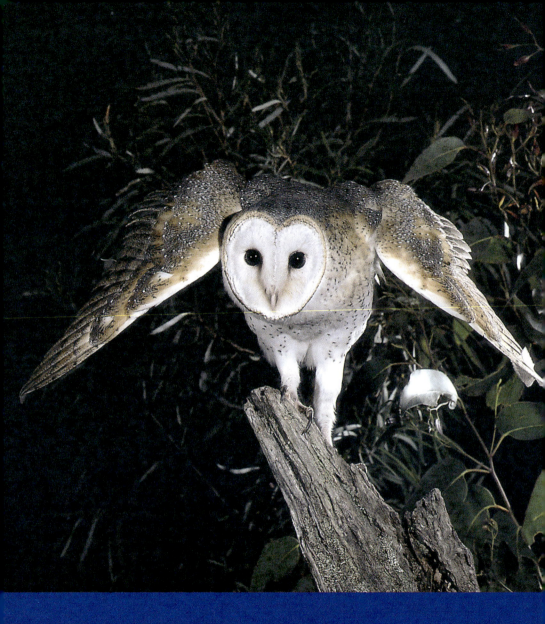

An **owl** hunts at night.